AF602858

L27n
33415

# PANÉGYRIQUE

DE

# S. VINCENT DE PAUL

PRONONCÉ PAR

M. L'ABBÉ QUITTAT

Curé-doyen de Montmirail

DANS LA CHAPELLE DE LA MISSION

LE 23 AVRIL 1882

PARIS

IMPRIMÉ PAR PILLET ET DUMOULIN

5, RUE DES GRANDS-AUGUSTINS, 5.

1882

PANÉGYRIQUE

DE

# S. VINCENT DE PAUL

quelle rayonne le plus bel attribut de Dieu, sa bonté infinie, sa miséricordieuse tendresse ! Et cette figure, divinisée par l'amour, vous la portez gravée au fond de vos cœurs, mes frères ; elle semble planer au milieu de cette assemblée, au-dessus de ce tombeau devenu glorieux ; vous l'avez reconnue et son nom s'échappe de vos lèvres, c'est saint Vincent de Paul ! Vincent de Paul, le génie de la charité, le héros de l'amour divin, le patron de toutes les douleurs, l'apôtre de tous les dévouements et de tous les sacrifices ! Déjà plus de deux siècles ont passé sur sa tombe, vingt révolutions ont tout renversé ou transformé dans le monde, et l'humble M. Vincent est encore debout, toujours vivant et agissant dans ses institutions, toujours fécond pour en enfanter de nouvelles, et toujours populaire parce qu'il est toujours l'homme du temps. Son nom retentit partout, des milliers d'hommes et de femmes l'appellent leur père, des œuvres innombrables pullulent sans cesse autour de son sépulcre, fécond à l'envi des berceaux, et se meuvent sous l'impulsion de son esprit. Et, chose merveilleuse ! au milieu de ce travail de décomposition sociale qui caractérise l'heure présente, nous assistons avec admiration à une recrudescence de son action, et à un redoublement de popularité de son nom ; comme si sa grandeur et sa gloire devaient se mesurer à l'étendue de nos maux.

Qui nous révélera la source d'une vitalité si puissante, d'une si admirable fécondité ? Quand tout passe et meurt si vite autour de nous, sur ce théâtre mobile de notre vie, comment se fait-il que les saints ne meurent pas ? que leurs œuvres ne subissent pas l'action combinée du temps qui n'épargne rien et des passions humaines qui renversent tout ? Ce discours sera la réponse à cette question : question du plus haut intérêt, question pleine d'actualité pour nous tous.

Oui, mes frères, l'heure actuelle nous impose à tous une grande et difficile mission au milieu des épreuves du présent et en face des menaces plus graves de l'avenir. Appelés par la Providence à opérer notre traversée de la vie à une époque de tempêtes, nous devons nous tenir prêts pour le laborieux sauvetage d'une société qui semble sur le point de sombrer. Voulons-nous un grand maître dans la matière, un modèle accompli dans l'espèce ? Regardons-le bien ; il est là sous nos yeux, *inspice.* Nous n'avons qu'à copier le modèle, il est parfait, *et fac secundum exemplar.* On dirait que Dieu l'a fait paraître à l'entrée des temps modernes afin d'être pour nous un drapeau, la règle vivante de notre action, *quod tibi monstratum est.* Saint Vincent de Paul, voilà par excellence l'homme du temps et de la situation ; car c'est l'homme de Dieu, le père du peuple et le sauveur de la patrie. Ces trois titres glorieux, que nous lisons sur le front de ce saint patriarche de la charité, nous donneront la solution du problème proposé en même temps qu'ils indiquent le partage de ce discours.

Je suis confus d'oser entreprendre ici l'éloge de ce bienheureux Père. Tout, dans cette sainte maison et dans cette religieuse assemblée, parle de lui avec bien plus d'éloquence que ma pauvre voix. Son éloge vivant, il éclate tout entier dans la vie et les œuvres de ses dignes enfants, héritiers de son esprit et continuateurs de sa mission apostolique. Sa louange parfaite, ne la trouvons-nous pas dans ces légions innombrables de ses chères Filles de la charité, le plus beau fleuron de la couronne de ce saint patriarche de l'amour ? Sa louange, enfin, ne reçoit-elle pas son complément dans cette armée pacifique de la charité, dans cette famille posthume, sortie du cœur et portant le nom de ce nouvel Abraham, enfants puînés dont le nombre égale celui des grains de sable répandus sur le rivage de la mer ? Et s'il pouvait manquer quelque chose à la perfection de cet éloge, ne serait-ce pas le spectacle toujours vivant de ce beau et généreux clergé français, l'honneur de l'Église, mais aussi l'honneur de saint Vincent qui en fut l'instituteur et le père ? Ne serait-ce pas surtout ce savant et pieux clergé de Paris, qui fut le premier objet de son zèle aspostolique, et qui, sous la sage impulsion de ses grands et vaillants pontifes, remplis de l'esprit de Vincent de Paul, déploie tant de zèle, donne l'exemple de tant de vertus, et accomplit tant d'œuvres admirables au sein de cette grande capitale, où le bien et le mal semblent s'être donné rendez-vous, comme en un champ clos, pour se disputer l'empire du monde ?

Que suis-je donc venu faire ici, et que puis-je ajouter à cet éloge vivant ? J'apporte simplement le modeste hommage de ma reconnaissance et de ma tendresse filiale sur le tombeau de ce père du clergé français, et qui l'est d'autant plus pour moi que ses enfants furent mes maîtres et mes pères. Je l'ai surtout senti s'accroître dans mon cœur, cet amour filial, depuis que la Providence m'a appelé à cultiver cette terre de Montmirail, arrosée de ses sueurs, embaumée du parfum de ses vertus, l'un des premiers théâtres de son zèle, le berceau de presque toutes ses créations merveilleuses, qui, aujourd'hui couvrent l'Europe et le monde. C'est donc le plus humble et le dernier de ses enfants qui apporte une modeste couronne de fleurs sur le tombeau d'un père vénéré, et qui lui demande un rayon de ce feu sacré, qui brûlait dans son cœur apostolique, pour en communiquer la vertu à tous ceux qui l'entendent.

## PREMIÈRE PARTIE

Saint Vincent fut avant tout l'homme de Dieu. Il faut commencer par là l'étude de sa vie pour comprendre la puissance, la fécondité et la durée de son influence sur le monde. C'est ainsi que pour connaître la nature et le cours d'un fleuve il faut remonter jusqu'à sa source.

I. — Il est une vérité fondamentale, que tous nous admettons en principe, mais que nous sommes trop souvent tentés d'oublier dans la pratique de notre vie, c'est que tous nous avons besoin de Dieu, mais un besoin continuel, immense, universel. Sortis de Lui, nous retournons à Lui, et nous devons vivre de Lui, par Lui et pour Lui ; c'est l'enseignement du grand apôtre saint Paul, *In ipso vivimus, movemur et sumus* (Act. XVII 28). Là est le secret de notre force et de notre grandeur, le principe de la fécondité de notre influence et aussi de notre gloire et de notre bonheur même en ce monde. Nous jeter hors de Dieu dans l'effervescence de notre orgueil, c'est nous précipiter dans le désordre, nous condamner à l'impuissance, à la stérilité, à la douleur, et même à la mort : c'est le ruisseau se séparant de la source et condamné à voir ses eaux tarir et son lit se dessécher. Vivre uni à Dieu, au contraire, rester toujours en communication avec son infinie perfection, en faire le point de départ, le but et le soutien de notre action et de notre vie, c'est pour nous l'ordre, la force, la fécondité, la grandeur et la béatitude. J'en appelle au témoignage des anges, ces esprits bienheureux chantant leur bonheur au sein de Dieu, tout en présidant à l'harmonie des mondes ; et aussi au témoignage des démons, ces esprits d'orgueil séparés de Dieu, rugissant de haine et de douleur au fond des abîmes éternels et s'acharnant en vain à troubler l'univers de leur rage impuissante. J'en appelle enfin aux ravissements des âmes pures et saintes même en cette vie, et aussi aux tortures des âmes orgueilleuses et criminelles subissant dès ici-bas les horreurs de l'enfer. Un immortel génie, après une longue et malheureuse expérience de ces tourments et de cette impuissance de l'orgueil séparé de Dieu, rentrant enfin par l'humilité du repentir et de la prière au sein de ce Dieu trop longtemps délaissé, saint Augustin, écrivant l'histoire de la douloureuse odyssée de ses égarements, s'écrie dès le début du livre de ses *Confessions* : « Vous nous avez faits pour vous, ô mon Dieu, et notre cœur est ballotté par les tempêtes et livré à la torture tant qu'il ne s'est pas reposé en vous. » (*Confess.* Liv. I. ch. 1.).

Dieu, et Dieu seul, est donc la source de toute vie, le foyer de toute lumière, le principe de toute activité féconde : sans lui nous ne sommes rien, nous ne pouvons rien, surtout dans l'ordre de ces bienfaits qui sauvent le monde et régénèrent l'humanité. Reconnaître cette vérité fondamentale, en être intimement convaincu, et en faire le point de départ de sa vie, c'est, selon le langage de l'Évangile, l'humilité chrétienne. L'humilité, mes frères, voilà la première condition pour recevoir l'abondance des dons divins. L'humilité, en effet, n'étant que le sentiment de la vérité sur nous-mêmes et de notre dépendance absolue de Dieu, fait le vide de nous-mêmes, écarte ainsi le plus grand obstacle à l'effusion des grâces divines qui est l'orgueil, et leur offre un abîme immense pour les recevoir. De sorte que la mesure de l'humilité dans une âme devient celle de sa capacité pour recevoir de la plénitude de la vie de Dieu. Alors, qu'un homme, qui a creusé en lui-même cet abîme immense, se mette en rapport intime et habituel avec cet océan des perfections infinies de Dieu, qu'une généreuse et continuelle effusion de son âme aille puiser à cet abîme sans fond ni rivage de la vie divine ; que, par la prière, l'oraison, les sacrements, les canaux mystérieux de ce commerce ineffable entre le ciel et la terre, le Créateur et la créature, il s'unisse habituellement à Lui ; alors, dis-je, il participe à la bonté, à la science, à la puissance, à l'activité et à la fécondité de Dieu lui-même. Et il y participe dans cet ordre supérieur, surnaturel, et dans ces proportions magnifiques, qui valent bien mieux que les éclairs brûlants de la pensée humaine, bien mieux que les éclats de l'orgueil trop souvent dévastateur du génie humain. Vous n'avez plus seulement l'homme de génie ; vous avez l'homme de Dieu, doué d'une immense capacité de recevoir par l'humilité, recevant dans des proportions immenses par le canal de l'oraison, abîme appelant un autre abîme ; vous avez le saint, vous avez saint Vincent de Paul.

II. — Nous contemplons avec étonnement la merveilleuse fécondité de son action et la puissante vitalité de ses œuvres : de grâce, mes frères, n'imitons pas l'Égyptien qui, pendant tant de siècles, admira les débordements féconds de son grand fleuve sans en connaître la source. Pénétrons dans la vie intime de ce saint homme, et nous verrons que le double principe de son incomparable fécondité fut l'humilité et l'oraison, l'une qui fit en lui le vide du moi humain, l'autre, qui attira en lui l'effusion de la vie de Dieu, l'une qui creusa en son âme un abîme capable de recevoir, l'autre qui le mit en communication avec l'océan des perfections divines.

Son humilité, vous le savez mieux que moi, vous qui méditez sans cesse la vie de votre bienheureux père, fut prodigieuse jusqu'à épouvanter notre orgueil et à confondre notre intelligence. Nul saint peut-être n'a possédé cette vertu au même degré que lui. Ce n'était pas seulement une vertu en lui, c'était en quelque sorte une passion ; il la recherchait comme l'ambitieux poursuit les honneurs, le voluptueux les plaisirs. Aussi avec quelle éloquence, quelle force et quelle abondance a-t-il traité ce sujet dans ses admirables conférences à sa double famille religieuse ! la bouche parlait de l'abondance du cœur. Plus il s'anéantissait à ses propres yeux devant Dieu, plus Dieu se livrait à lui avec tous ses dons ; et plus il était uni à Dieu, plus il avait le sentiment profond de la grandeur et de la majesté de Dieu, et de sa propre bassesse, de ses imperfections et de son néant.

Qui mieux que lui a parlé de l'oraison, parce que nul ne l'a mieux pratiquée? Pour lui elle était la nourriture de l'âme, l'arrosement de ce jardin mystique, la conversation intime du cœur avec Dieu, l'armure du soldat du Christ, le grand livre du prédicateur, le foyer de la charité du missionnaire, le principe de la puissance et de la fécondité de son apostolat. « Donnez-moi un homme d'oraison, disait-il un jour à ses fils réunis autour de lui, et il sera capable de tout; il pourra dire avec le grand Apôtre: « Je fais tout en celui qui me fortifie. » Dans ces paroles il avait lui-même livré le secret de sa vertu et de la puissante fécondité de son action.

Contemplez-le dès son enfance, sous la pauvre chaumière de son père, ou à la suite du troupeau confié à sa vigilance : déjà vous voyez briller, dans le petit pâtre des Landes, l'humilité qui sera sa vertu favorite et qui déjà en fait le favori de Dieu et l'ami du pauvre; déjà sa jeune âme s'épanouit au soleil vivifiant de l'amour divin, et, cédant à un attrait irrésistible, se baigne avec délices dans le foyer lumineux de l'oraison. Qui n'a aimé à l'accompagner, avec ses biographes, dans ces paisibles et religieuses solitudes des Landes, où il se faisait, sous l'impulsion de la grâce, « une société de Dieu et de ses Anges, une conversation intime et bienheureuse de la prière ». Tantôt, poussant son troupeau vers la partie occidentale du désert, il rencontrait le pieux sanctuaire de Notre-Dame de la Lande, ou de Buglose, et venait épancher les sentiments de sa piété filiale aux pieds de la mère du chrétien, de la reine des cieux. Tantôt, il allait s'agenouiller sous l'épais feuillage du vieux chêne légendaire, dont les flancs entr'ouverts par la main du temps avaient été transformés par sa foi naïve en oratoire, où il charmait, par ses entretiens avec Dieu, les longues heures de sa solitude. L'humilité et l'oraison apparaissent ainsi, dès l'aurore de sa vie, comme le principe générateur de sa sainteté future et de la puissance de son action sur le monde.

Suivons-le dans toutes les phases si diverses de sa vie si accidentée ; c'est toujours cette vie profondément humble, intimement unie à Dieu, et par voie de conséquence, perpétuellement active et féconde, donnant la vie à tout ce qu'il touche et une vie indestructible. Que nous le suivions aux écoles de Dax, de Toulouse ou de Sarragosse ; qu'il nous apparaisse au milieu des rigueurs de la captivité sur la terre brûlante du Maure infidèle, ou chargé du fardeau de toutes les sollicitudes de la vie curiale à Clichy, à Châtillon-les-Dombes; qu'il soit l'hôte des palais des grands seigneurs du dix-septième siècle, au milieu des splendeurs de la cour ou au conseil des rois ; voyez-le sur les galères royales parmi les forçats ou au sein de ses chères communautés, dans les camps ou dans les hôpitaux, sur les champs de bataille ou dans ses missions des campagnes : saint Vincent est et reste toujours l'homme profondément humble, l'homme d'oraison, l'homme d'action multiple et féconde; toujours et partout il est l'homme de Dieu.

Mais il est une partie de sa vie qui me touche particulièrement, et je ne puis résister à la force intérieure qui me porte à l'exposer, avec un certain relief de détails, à l'admiration de ses enfants. Je veux parler de son séjour dans la petite ville de Montmirail[1]. On sait qu'il y passa, en grande partie, les douze années qu'il vécut au sein de l'illustre famille des Gondi, famille dont la gloire la plus pure et la plus durable est d'avoir compris saint Vincent de Paul et ses desseins, d'avoir secondé ses œuvres et des immenses ressources de leur fortune, et de l'influence puissante de leur nom, et de la générosité inépuisable de leurs cœurs. Là, sous les voûtes de l'antique manoir féodal, il avait à remplir une double mission, la direction spirituelle de ses nobles seigneurs dans la pratique des vertus chrétiennes, et l'éducation littéraire et religieuse de leurs trois fils.

La première partie de sa mission fut pour saint Vincent une source de consolations. Sous la direction d'un maître aussi sage et aussi saint, M^me^ la duchesse de Gondi s'éleva à un très haut degré de vertu et répondit par ses généreuses fondations aux dé-

---

1. Prononcez comme si ce mot s'écrivait « Montmirel ». D'ailleurs, on écrivait « Montmirel » presque constamment jusqu'au dix-neuvième siècle; c'est la prononciation populaire, traditionnelle, historique.

sirs de cet apôtre des campagnes et de cet ami des pauvres et des souffrants. M. le duc de Gondi lui-même ne tarda pas à subir l'influence de la vertu de son hôte. Un jour vint où ce grand seigneur, ami de la vie bruyante et agitée de la noblesse de ce temps, ce héros de tant de batailles, qui foudroya la marine anglaise à La Rochelle, changeant tout à coup les rôles, se fit l'humble disciple du précepteur de ses enfants; et mettant au service de Jésus-Christ la même vaillance qu'il avait déployée au service de ses princes, il s'élança dans les combats de la vertu comme il marchait à l'assaut. Voulez-vous savoir comment Vincent opéra cette merveilleuse transformation? Par une fiction ingénieuse de sa foi, qui lui faisait voir Dieu présent partout, le château de Montmirail était devenu un sanctuaire; il honorait Jésus-Christ dans la personne de M. de Gondi, la sainte Vierge dans celle de sa noble épouse, et les disciples du Sauveur dans celle de ses enfants, des officiers et des domestiques. Se plaçant à ce point de vue dans ses relations avec son prochain, il lui devenait aisé d'accomplir les devoirs les plus difficiles. Malgré ce prestige religieux dont il enveloppait ses illustres patrons, il croyait devoir se soustraire au luxe tumultueux de leur vie et de leur entourage aussi souvent qu'on ne faisait point appel à ses services ou qu'il n'était point appelé par ses fonctions auprès de ses élèves. Alors pour lui le château devenait une Thébaïde où il s'enfermait pour s'entretenir seul avec Dieu; sa chambre devenait une cellule où il se livrait aux délices de l'oraison, ou bien il allait s'abîmer dans la contemplation de Jésus-Christ, sous les voiles mystérieux de l'Eucharistie. Au contact d'un pareil maître, on comprend la transformation spirituelle du duc de Gondi. Aussi, quand la mort, le frappant dans ses plus chères affections, lui eut ravi sa vertueuse femme, il ne voulut plus connaître d'autre amour que celui de Dieu; et, renonçant à ses richesses, à ses dignités, à toute la gloire humaine, ce grand seigneur, ce grand capitaine, suivant les conseils de Vincent de Paul, entra dans la congrégation des pères de l'Oratoire. Mais sous l'humble livrée des fils de M. de Bérulle, il resta le digne enfant de saint Vincent par son humilité profonde, par la bonté et la générosité de son cœur. Après la mort de son saint directeur, il écrivit ses mémoires et voici ce qu'il dit de son père spirituel : « Ce que j'ai admiré le plus entre les vertus de ce cher défunt a été son humilité, sa charité et sa grande prudence en toutes choses. Jamais je n'ai remarqué ni entendu dire qu'il ait fait aucune faute contre ces vertus, quoiqu'il ait demeuré dix ou douze ans avec moi. Jamais je n'ai su qu'il ait eu le moindre défaut : c'est pourquoi, je l'ai toujours tenu pour un saint. » Quel éloge, mes frères ! Vous savez ce qu'est l'œil du maître pour son serviteur. Avouons que ces paroles sont le plus glorieux panégyrique de notre vénéré père. Nous avons vu le directeur des illustres seigneurs du château de Montmirail, voyons maintenant à l'œuvre le précepteur de leurs enfants.

Cette seconde partie de sa mission fut loin de lui donner les consolations de la première, et sa vertu fut soumise aux plus rudes épreuves par l'humeur turbulente de ses terribles élèves. On sait que cette noble famille de Gondi était d'origine florentine ; et, si tous ses membres étaient remarquables par la générosité de leur cœur et l'intrépidité de leur vaillance dans les combats, un bon nombre d'entre eux avaient gardé en héritage les caractères de la chaude nature de Florence; et les trois fils de Philippe-Emmanuel, le plus jeune surtout, connu sous le nom de cardinal de Retz, étaient frappés au cachet de cette brûlante originalité. Il y avait quelque chose du génie de Machiavel dans ces têtes, et la flamme du sang méridional bouillonnait dans leurs veines. Vincent avait donc à dompter ces bouillantes natures, et à les former aux vertus chrétiennes en même temps qu'aux sciences et aux lettres humaines. Le succès de ses leçons littéraires est attesté par la gloire de ses élèves dans l'histoire des lettres ; mais pour leur éducation morale et religieuse, il vit ses efforts tomber presque impuissants devant l'indiscipline de ces turbulentes natures. C'est là d'ailleurs le seul échec qu'il ait éprouvé dans toutes les entreprises de sa vie. Vincent était né avec un tempérament bilieux et prompt aux impatiences. On peut juger des terribles luttes de son humilité au milieu des incartades de ses fougueux disciples. Il a lui-même laissé échapper le secret de ses combats intérieurs dans ces paroles qu'il écrivait à cette époque : « Je m'adressai à Notre-Seigneur et le priai instamment de me changer cette humeur sèche et rebutante, et de me donner un esprit doux et bénin. Et par sa grâce, avec un peu d'attention que j'ai faite de réprimer les bouillons de ma nature, j'ai un peu quitté cette humeur noire. » Voilà l'humilité des saints avec ses luttes intimes et ses glorieux triomphes.

Souvent il s'échappait de sa cellule pour aller se consoler près du Dieu du saint tabernacle, s'y rafraîchir le cœur, et y retremper son courage; ou bien, lorsque l'absence de ses élèves lui laissait quelques loisirs, prenant la sonnette qui était sur sa table de travail, il se rendait sur la place de ville, y convoquait les enfants, les pauvres, les gens du peuple, et, debout sur les degrés du portique de l'hôtel de ville, il leur distribuait le pain de la parole de Dieu, et l'aumône matérielle. Et la foule émue, comme autrefois celle qui entendait la parole du Sauveur, s'en retournait en disant : « Jamais homme n'a parlé comme cet homme. » Ils sont encore là, sur cette place, ces degrés de granit du vieil hôtel, du haut desquels ce Chrysostôme populaire évangélisait les pauvres. Elle existe encore cette chambre de saint Vincent, que les nobles seigneurs de Montmirail regardent à juste titre comme l'un des plus précieux trésors de leur château. Ici était la couche modeste où le saint se reposait de ses fatigues. Là, s'ouvre encore la petite porte qui donne entrée sur les chambres de ses élèves, et par laquelle il dut passer tant de fois pour aller stimuler leurs travaux, et arrêter les bruyants éclats de leur turbulente jeunesse? Plus loin, s'ouvre le long couloir qui conduisait au sanctuaire de l'église, où il se dérobait souvent pour aller se consoler et se fortifier. Et, quand le pieux visiteur s'arrête en face du magnifique portrait du saint, qui décore la cheminée, oubliant les deux cents ans écoulés, il se croit encore au temps des Gondi. L'esprit de saint Vincent hante encore ce palais, et sa charité y coule toujours à pleins bords.

Pardonnez-moi, mes frères, ce luxe de détails sur ce coin de la vie de saint Vincent, peut-être un peu trop laissé dans l'ombre par ses historiens. J'ai cru, en les donnant, intéresser sa triple famille.

Dans les Landes, se trouve le berceau de sa vie, mais à Montmirail est le berceau de ses œuvres : c'est là qu'il en a conçu les plans, et exécuté les premiers essais. Pour vous, enfants de saint Vincent, Montmirail[1] est le théâtre de la Genèse de ses institutions; pour vous, c'est vraiment une terre biblique. Et là, comme partout ailleurs, nous retrouvons l'homme de Dieu dans sa profonde humilité, dans son intime et continuelle union avec Dieu, dans sa féconde et perpétuelle activité. Voilà comment la vie divine surabondait en son âme, débordait autour de lui; et nous le voyons ainsi, semant les œuvres partout où il passe, communiquant la vie à tout ce qu'il touche.

III. — Voilà le secret de la merveilleuse fécondité de ses œuvres et de leur effrayante multiplicité, le secret de la vitalité indestructible de ses institutions. Il les a comme imprégnées de l'esprit de Dieu dont il était rempli, et il leur a communiqué quelque chose de l'éternité divine. Comptez, si vous le pouvez, les œuvres qu'il a fondées, celles qu'il a inspirées, la nouvelle direction et la forme nouvelle qu'il a données à la vie religieuse, prévoyant, avec ce coup d'œil du génie illuminé par la lumière divine, que les besoins des temps modernes réclamaient des formes et une tactique nouvelles; et vous verrez ce dont est capable un homme de Dieu. Il y a près d'un siècle, une révolution terrible, comme un cyclone dévastateur, a tout renversé de son souffle impétueux; toutes les institutions religieuses qui couvraient la terre de France, comme les arbres fruitiers couvrent un pays plantureux, furent abattues par l'ouragan. On croyait tout perdu pour jamais. Mais l'esprit de Dieu planait sur ce chaos et ces ruines, et l'œuvre

---

1. La petite ville de Montmirail conserve avec bonheur plusieurs autres souvenirs de saint Vincent de Paul :

1° Dans l'église paroissiale se trouve la chaire où le saint monta si souvent pour annoncer la parole de Dieu;

2° Près de l'église se trouve encore la maison de la Mission, bâtie par ses soins en 1650. Elle est devenue l'Hôtel-Dieu, desservi par les Filles de la charité. On y conserve, dans une châsse, la phalange de l'un de ses doigts;

3° Dans les archives de l'Hôtel-Dieu sont de précieux autographes du saint;

4° Aux endroits où se trouvaient les quatre portes de la ville, se voient encore, insérées dans les murs des maisons, les quatre statues de la sainte Vierge, qu'il avait fait placer au-dessus des portes de la cité, la mettant ainsi sous la protection de l'auguste Mère de Dieu.

de Vincent, de l'homme de Dieu, devait la première renaître de ses cendres.

C'était en 1830, à pareil jour, la ville de Paris et la France dormaient d'un sommeil religieux semblable à la léthargie; elles dormaient ainsi depuis trente ans, après une orgie d'un demi-siècle. La parole de Dieu se fit entendre à l'âme apostolique de l'un de ces grands archevêques, comme Dieu sait en donner à cette grande capitale : « Fils de l'homme, disait la voix divine, penses-tu que ces ossements puissent revivre? — Vous seul le savez et le pouvez, répondit le prophète du Seigneur. » Animé de l'esprit de Dieu, l'illustre pontife va redemander aux catacombes les restes sacrés de saint Vincent de Paul que de pieuses mains y avaient cachés pour les soustraire à l'impiété et à la barbarie révolutionnaires; et il voulut les reporter en triomphe dans cette église, au milieu de ses enfants, sur un trône d'honneur que ses mains généreuses lui avaient préparé avec magnificence. Au contact des ossements d'un prophète, racontent les livres saints, un cadavre recouvra la vie; c'est ainsi qu'à l'apparition des reliques de son apôtre, la grande cité sembla se réveiller de sa longue léthargie; le clergé suivit son archevêque, les autorités civiles et militaires firent escorte, le peuple de Paris se porta en foule sur la voie triomphale pour acclamer l'humble serviteur de Dieu, qui avait été le père du peuple et l'ami des pauvres; et le corps vénéré venait ainsi reprendre en triomphe la place d'honneur qu'il occupe encore aujourd'hui au milieu de ses enfants. Pendant huit jours, la foule des pieux visiteurs ne cessa d'encombrer ce sanctuaire et d'y apporter les témoignages éclatants de sa vénération. Le monarque, qui alors présidait aux destinées de la France, s'y rendit lui-même avec sa famille, se joignant à son peuple pour rendre hommage aux restes « d'un saint prêtre si cher à l'humanité », et réclamer son intercession pour le bonheur de la France. Ce fut comme le signal de la résurrection religieuse de la capitale et de la nation, et un principe de fécondité et de vie nouvelle semblait s'échapper des saintes reliques et se communiquer à tout le corps de la société. Bientôt, en effet, naît l'admirable société qui porte son nom et qui couvre la France et le monde; Paris enfante une foule d'œuvres charitables, après plus de trente ans de stérilité; toutes les classes de la société se dévouent au soulagement de toutes les misères physiques et morales. Ceux même qui sont en dehors de nos croyances se préoccupent par-dessus tout de ce qu'ils appellent les questions d'économie sociale et d'assistance pbulique; et la charité pratique devient partout à la mode. Tous comprennent ou sentent que là est le problème du présent et de l'avenir, le salut de la religion et de la société. Quarante ans durant, le progrès de ces idées et de ces œuvres va toujours croissant. Nous arrivons ainsi à la fatale année 1870.

Nous savons quelle tempête fut déchaînée sur notre patrie par la main de la justice divine, et quelles blessures furent faites au cœur de la France, blessures qui sont encore toutes saignantes. C'est alors que Vincent de Paul apparut dans tout l'éclat de sa merveilleuse fécondité au milieu des ruines et des calamités publiques. C'était l'homme de la situation, le sauveur de la société en péril. On admira, sur les champs de bataille, l'œuvre des brancards, le service des ambulances; cette armée du dévouement qui, la croix sur le bras, volait au milieu des obus au secours des blessés; ces légions de sœurs de charité qui affrontaient la mitraille pour aller porter le soulagement aux uns, la consolation suprême aux autres : tout cela était renouvelé de saint Vincent de Paul, l'invention de sa charité dans les guerres sanglantes de la Lorraine, de la Picardie et de la Champagne. Qui n'a battu des mains au spectacle de l'héroïsme de l'aumônerie militaire, de l'aumônerie de marine? qui a pu contempler sans enthousiasme l'Œuvre des orphelins, l'Œuvre des hôpitaux, les Œuvres de refuge, de l'enfance, des écoles? Tout cela est de la création de saint Vincent. Nous avons vu surgir comme par enchantement les assemblées de charité, les cercles d'ouvriers, les cercles militaires, les œuvres de patronage: quel a été le foyer générateur de ces créations merveilleuses? le cœur de saint Vincent; tout cela n'était que l'épanouissement de ses institutions. Et pendant que tout pullule ainsi sous l'inspiration de son esprit, et avec cet ordre, cette organisation si sage qu'il savait donner à toutes ses fondations, qui l'ont fait appeler le créateur et l'organisateur de l'assistance publique, le clergé français reste toujours le clergé de Vincent de Paul; il est toujours marqué de ce cachet qui lui donne une place à part dans le sacerdoce catholique. La discipline actuelle du clergé, la vie et la règle des séminaires, les exercices des ordinands, la pratique des retraites pastorales et des conférences ecclésiastiques : tout cela vient de lui. La France et le monde nous apparaissent aujourd'hui couverts d'ordres religieux actifs, armés à la légère selon les besoins de l'époque, prêts à voler aux extrémités du monde, à revenir, à repartir au moindre signal : cette merveille est de l'invention de Vincent. D'un coup d'œil de son génie, l'homme de Dieu avait deviné les exigences des temps modernes, et renonçant à la solide, mais pesante armure de la vie claustrale, cette phalange macédonienne de l'Église militante, il créa ces troupes légères, n'ayant pour bouclier que l'humilité, pour cuirasse la chasteté, pour arme de précision la charité et la prière. Voilà les phalanges que l'Église lance tous les jours aux quatre coins du monde pour soulager, guérir, sauver les corps et les âmes de ses enfants. La France catholique, à ce point de vue, est vraiment la France de Vincent de Paul, et par elle son génie rayonne sur tout le monde moderne pour le sauver. Voilà pourtant les œuvres d'un homme, mais c'était l'homme de Dieu. Voulez-vous, par un dernier coup de pinceau, en saisir la fécondité avec plus de force? eh bien, par contraste, considérez l'œuvre de l'homme séparé de Dieu, révolté contre Dieu.

En effet, en face de l'homme de l'amour divin se dresse le génie de la haine et de la révolte : cet homme, c'est Calvin. Calvin et Vincent de Paul, mes frères, voilà les deux génies qui planent sur le monde moderne, et se disputent l'empire des âmes dans une lutte sans trève ni merci. Calvin, c'est l'orgueil sombre avec ses passions brûlantes, avec son cruel génie, son égoïsme sans pitié, son langage poli sans amour ; c'est l'orgueil avec son despotisme de fer, son esprit d'insubordination et de division, avec son âme froidement féroce, sa lâcheté devant le péril et son insensibilité devant la douleur. Calvin, c'est comme l'incarnation du génie de Satan. Étudiez tous les déchirements, tous les malheurs de l'Europe contemporaine; sondez toutes ces horribles blessures qui s'appelèrent guerres de religion, jansénisme, révolutions, vous trouverez au fond de toutes ces plaies le poison de l'esprit de Calvin. Que de ruines, que de sang! Quelle anarchie dans les idées, quels troubles dans les cœurs, quelles jalousies et quelles haines dans les âmes! Tout cela est l'œuvre de cet effroyable génie sorti des entrailles gâtées de la France malade, comme saint Vincent est le fils de son cœur encore imprégné de la vie du Christ. Voilà où aboutit l'homme, et surtout l'homme de génie qui s'est séparé de Dieu dans l'effervescence de son orgueil. Qu'une société se laisse imprégner de ses poisons, elle est fatalement vouée aux révolutions, aux convulsions, aux spasmes périodiques, peut-être à la mort, comme un homme qui a avalé un breuvage empoisonné.

Comprenez-vous maintenant, mes frères, la cause de l'instabilité, de la fragilité et de la stérilité de toutes les institutions modernes? L'orgueil est à leur base, et Dieu en est absent; ce sont des œuvres de l'homme caduc, et non l'œuvre du Dieu éternel; elles ne sauraient tenir debout et vivre. Et cependant, en dehors de Dieu, que lui manque-t-il à ce monde? Il a tout, sciences, arts, industrie, commerce, fortune; la terre lui prodigue ses trésors, la mer lui offre ses richesses et s'incline sous ses pieds pour lui ouvrir des chemins rapides vers les rivages lointains, le ciel lui révèle ses secrets, les montagnes entr'ouvrent leurs flancs de granit pour lui livrer passage, les isthmes sont percés, les éléments s'attèlent à son char et la foudre se fait l'humble messagère de sa pensée. Et malgré tout cela, ce monde, saturé de biens, se plaint plus que jamais; il s'agite, se tourne et se retourne sur sa couche de douleur comme un malade en proie au délire et dévoré par les feux de la fièvre. Encore une fois, ô monde moderne! monde si fier de ta science et de ta fortune, pourquoi jeter à tous les échos de pareilles clameurs? Que te manque-t-il donc? Ce qui lui manque, mes frères! c'est Dieu, et Dieu seul! Mais alors tout lui manque pour être heureux, puissant et fécond dans ses créations. « Sans moi, a dit Jésus-Christ, la vérité divine incarnée, sans moi vous ne pouvez rien, *nihil*, et le néant est à la racine de toutes les œuvres de l'homme sans Dieu. Jamais cette grande vérité n'a été plus frappante que dans notre siècle. Mais aussi l'apôtre saint Paul a dit : « Je puis tout en celui qui me fortifie » (Phil. IV. 13.) : autre vérité dont toute la vie de saint Vincent est la mise en œuvre. Par les innombrables créations de sa vie, par la fécondité inépuisable de son action après sa mort, il nous montre avec évidence où se trouve le secret de la puissance de l'homme ; il faut qu'il soit l'ouvrier de Dieu pour faire des œuvres qui durent et qui sauvent; il faut donc qu'il soit l'homme de Dieu pour être l'ouvrier de sa Providence.

Grande leçon pour nous, messieurs et mes très chères sœurs ! Le monde périt parce que Dieu lui manque : notre mission est de le sauver en lui rendant son Dieu. Voulons-nous travailler efficacement à l'œuvre gigantesque du sauvetage de ce monde moderne, soyons des hommes de Dieu comme saint Vincent de Paul ; ne participons pas à cet esprit d'orgueil et à cet oubli ou ce mépris de Dieu, deux chancres qui rongent le sein de notre société contemporaine. Soyons profondément humbles et habituellement unis à Dieu ; ne soyons que les serviteurs désintéressés, les humbles et les dévoués ouvriers de Dieu ; alors nous ferons des œuvres de salut parce que nous serons les hommes de Dieu. Le dernier mot des luttes actuelles appartiendra à la race de ces hommes parce que Dieu est éternel ; eux seuls peuvent être les sauveurs et les pères des peuples. Cette conclusion nous ouvre l'entrée de notre seconde partie qui va nous montrer dans saint Vincent de Paul le père du peuple.

## DEUXIÈME PARTIE

Le génie est donné aux hommes, comme le soleil à la nature ; il doit rayonner sur le monde pour l'éclairer, l'échauffer, le féconder et l'embellir. Les dons supérieurs de la grâce sont donnés aux saints pour le bien et le salut de leurs frères. Dieu les élève au milieu de son peuple, au sein de son Église, comme on élève les fontaines sur les places publiques ; elles reçoivent l'abondance des eaux des montagnes, mais c'est pour les répandre et les donner sans cesse. L'homme de génie et, à plus forte raison, l'homme de Dieu se doivent tout entiers à leurs semblables. Voilà pourquoi l'homme de génie fidèle à sa mission a toujours été populaire ; voilà pourquoi l'homme de Dieu surtout doit être l'homme, l'ami, le père du peuple ; et les grands saints ont toujours été environnés de l'auréole d'une vraie et glorieuse popularité.

I. — Qu'est-ce que le peuple? C'est la masse des enfants de Dieu, des fils de la Rédemption ; telle est l'acception générale de ce mot. Mais, dans un sens plus restreint, le peuple, c'est surtout la masse des petits, des humbles, des pauvres, de ceux qui travaillent, qui souffrent, qui pleurent. Tous ses besoins, ses douleurs et ses misères, toutes ses qualités et ses vices, vous les connaissez, ô vous tous, fils de saint Vincent, qui allez les visiter, les consoler, les soulager, leur donner le doux nom de frères. Le peuple, comme la mer, a des moments sublimes; comme elle, il a des tempêtes effroyables ; que Satan touche cette masse de son trident,et rien n'égalera les ravages opérés par sa fureur. Toujours il y a au sein du peuple de grandes misères physiques et morales; mais il est des époques où ses malheurs et ses angoisses se multiplient sans mesure. Semblable à un grand fleuve qui charrie du limon dans ses eaux, et qui, en certains points de son cours, dépose et amasse la fange, le temps amasse, à certaines époques, des erreurs, des vices, des désordres, des crimes, et le pauvre peuple en est tout infesté. Alors, la coupe de la justice divine déborde à son tour, et tous ses fléaux viennent s'abattre sur ce pauvre peuple, trop souvent victime des erreurs et des vices de ceux qui le gouvernent; c'est la guerre avec ses carnages et ses destructions, ce sont les révolutions avec leurs ravages et leurs sanglantes horreurs, c'est la famine avec ses cruelles angoisses, c'est la peste avec ses épouvantes et ses hécatombes humaines.

Voilà le peuple, ce pauvre peuple que Dieu nous donne à aimer et à sauver. On ne peut aimer Dieu sans aimer ce peuple qui se compose de la masse de ses enfants. L'homme de Dieu doit être l'homme, l'ami du peuple. Et lui-même, Dieu, voulut se faire notre Maître dans ce grand art, et nous apprendre par son exemple à aimer et à sauver le peuple. Vous savez ce qu'il fit et l'adorable invention de sa sagesse et de son amour dans le grand mystère de son Incarnation.

O merveille ! Dieu se fit enfant du peuple en se faisant homme; il revêtit les douleurs et les infirmités de sa condition, et se couvrit des livrées de la pauvreté en même temps qu'il fit rayonner sur son front la douce flamme de la bonté populaire. Spectacle admirable, qui arrache au cœur du grand Apôtre un cri d'enthousiasme ! (Tit. II. 11). Voyez cet enfant naissant dans une étable, couché dans une crèche, reposant sur la paille ; c'est le Dieu de l'univers ! Voilà comment, dès son entrée dans le monde, il se fait le compagnon du pauvre peuple ! Il travaillera pendant trente ans dans un modeste atelier ; il maniera la scie, la hache, le rabot, compagnon des travaux du peuple, et ses mains durciront à ce rude labeur. Sa vie publique est un écoulement continuel d'amour, d'enseignements, de miracles pour éclairer, consoler, relever le pauvre peuple, tout ce qui souffre, gémit et pleure. Suivez ses pas dans ses courses évangéliques : les aveugles voient, les boiteux marchent, les sourds entendent, les lépreux sont guéris, les pauvres tressaillent d'allégresse. Il aime et caresse les petits enfants, bénit et instruit leurs mères. Il choisit ses disciples parmi les pêcheurs, le jeune fils de Zébédée est l'ami qui repose sur son cœur. Il s'émeut à la vue du deuil d'une pauvre veuve dont le fils unique est mort, il verse des larmes sur le tombeau de Lazare. Et quand il a terminé l'œuvre de sa vie, ayant tout fait pour le peuple, il lui donne encore son sang. Ravi d'enthousiasme, le peuple le suivait en foule, même au fond du désert, oubliant de manger pour le voir et l'entendre ; un jour il voulait le faire roi, un autre jour il lui fait, à Jérusalem, une entrée triomphale, étendant ses vêtements sous ses pas sur son passage, criant Hosanna au fils de David. Et Jésus se complaisait dans l'expression de la reconnaissante sympathie du peuple. Quelques jours après, égaré par d'hypocrites manœuvres, ce pauvre peuple passait de l'amour à la fureur, et des cris de mort succédaient à l'Hosanna du triomphe ! Voilà le peuple avec son étonnante mobilité et sa désolante crédulité, toujours la proie des habiles meneurs qui l'exploitent. Et Jésus, le Dieu fait homme, s'offrait en victime pour son salut, pleurait du haut de sa croix sur son aveuglement, implorait son pardon, excusait ses fureurs. Il lui avait donné sa vie, son sang jusqu'à la dernière goutte, il lui donna sa mère avant de mourir, il lui donna son Église, ses apôtres, son sacerdoce, son Eucharistie par laquelle il devait multiplier pour lui les merveilles de sa puissance et de son amour dans toute l'étendue des siècles. Voilà comment Dieu a aimé le peuple, *sic dilexit ;* voilà le grand maître dans l'art de l'aimer, de le sauver.

Quand Dieu veut sauver une société qui périt de décrépitude, et agonise dans ses erreurs et ses vices, il lui envoie des hommes marqués de ce cachet, épris de cette passion de l'amour du peuple. Il allume son amour au fond de leur cœur, jette sur leur front un rayon de sa divine bonté, donne je ne sais quelle puissance au feu de leur regard, un charme divin à la parole qui tombe de leurs lèvres. « Va, leur dit-il au cœur, aime le peuple, sauve-moi ce peuple à force d'amour ! » Au moyen âge, il lui donna saint François d'Assise, et le monde en vécut pendant plus de quatre siècles ; dans les temps modernes, il lui donna Vincent de Paul, et il y a déjà deux siècles qu'il vit de son esprit ; et ce qui se passe en ce moment nous avertit qu'il n'a pas dit son dernier mot.

II. — Tous les maux, fruits de l'impiété et châtiment de l'orgueil, à la suite de la grande révolte du protestantisme au seizième siècle, s'étaient abattus sur les peuples de l'Europe. Pendant trente ans la guerre y avait promené ses dévastations ; et les passions religieuses lui avaient donné un caractère d'atrocité qui fait dresser les cheveux d'horreur quand on étudie son histoire. La guerre, à cette époque, c'est l'incendie et le pillage des villes, la destruction des villages, le ravage des campagnes, le massacre des hommes, les vieillards abandonnés et mourant de faim, les femmes outragées ou mutilées, les enfants jetés sur les chemins, voués à la faim et à la mort, des monceaux de cadavres gisant partout sans sépulture et communiquant la peste et la mort aux survivants. Qui pourra jamais consoler de pareilles douleurs, guérir de telles blessures, porter remède à de semblables maux ?

Deux hommes, deux génies, apparaissent en face de cette effroyable situation : c'est Richelieu et Vincent de Paul. Voyez-vous cet homme à la lèvre pincée, à l'œil fixe, à la volonté de fer ? Il est assis à une table au fond de son cabinet de travail, il promène son regard sur des cartes géographiques déployées autour de lui. C'est le génie de la politique humaine, l'homme des savantes et habiles combinaisons, l'esprit inépuisable en ressources à toute éventualité ; mais il est prêt à tout sacrifier pour atteindre son but, la gloire de la France et l'honneur de son roi, la prépondérance de sa patrie et l'abaissement de sa rivale, la maison d'Autriche. Pendant vingt ans ce puissant génie déchaîne ou arrête, à son gré, le démon de la guerre ; pendant vingt ans l'Europe est pour lui un vaste échiquier, où ce terrible joueur fait mouvoir les armées du Nord au Midi, du couchant à l'aurore. Chaque année il décrète sur quel point du monde il portera le fléau de la guerre avec ses horreurs sanglantes. Quelquefois il disparaît de ce mystérieux cabinet où viennent aboutir tous les fils de la politique européenne ; c'est pour aller activer les opérations militaires et s'assurer de la fidèle exécution de ses plans. Reconnaissons et saluons, dans le fameux ministre, l'amour de la patrie et la passion de la gloire de la France ; admirons le génie, mais convenons que souvent c'est un don terrible pour les peuples. Aussi rarement son nom sera populaire ; il pourra susciter l'admiration, elle sera toujours mêlée d'épouvante, jamais embaumée par l'amour.

Mais voici un autre homme : la majesté est sur son front, la douceur dans son regard, la bonté sur ses lèvres, l'amour fait battre son cœur, une énergie calme ajoute le dernier trait à l'ensemble de sa physionomie. Lui aussi, il est assis à une modeste table au fond de sa cellule ; des lettres innombrables sont déployées sous ses yeux ; il arrose de ses larmes celles qu'il lit d'un regard avide, celles qu'il écrit d'une main émue. C'est Vincent de Paul, vous l'avez reconnu ; c'est le génie de l'amour, le grand ministre de la charité ; il est prêt à tout donner, à tout faire, à tout sacrifier, sa personne, ses ressources, ses enfants, pour sauver ces peuples, soulager leurs maux, consoler leurs douleurs, arracher l'orphelin à la mort, la femme à la honte, les vieillards à l'abandon. Lui aussi dicte ses ordres du jour pour les armées de la charité qu'il a formées, qu'il lance et dirige dans toutes les directions, partout où retentit le cri de la détresse.

Lui aussi fait mouvoir, au gré de son cœur, les légions pacifiques de ses fils, de ses filles, qui, à sa voix, vont à travers les camps, sur les champs de bataille, au milieu des campagnes dévastées, des villes saccagées, des villages incendiés, soignant les blessés, consolant les mourants, ensevelissant les cadavres, recueillant les enfants, ramassant les infirmes et les vieillards, nourrissant les affamés, protégeant et sauvant les femmes et les faibles. Lui aussi parfois s'arrache aux laborieux soucis de sa cellule; c'est pour aller s'assurer par lui-même de la fidèle exécution de ses ordres, exciter l'ardeur de ses enfants, relever et enflammer tous les courages. Il revient à Paris, là il ouvre des hôpitaux pour les soldats mutilés, crée des asiles pour les vieillards, des orphelinats pour les enfants, des refuges pour les jeunes filles, des ouvroirs et des écoles pour tous. Infatigable, il va frapper à toutes les portes, faire violence à toutes les bourses, émouvoir tous les cœurs. Pendant vingt ans, lui aussi, cet immortel génie, opère des merveilles sans se lasser; et pour fonder et entretenir les créations de sa charité, il parvient à réaliser une somme de dépenses s'élevant à 40 millions de notre monnaie : c'est le chiffre officiel de la statistique enregistré par l'histoire!

III. — Voilà le véritable ami, le père du peuple. L'admiration suivra toujours à travers les siècles le nom de Richelieu, mais admiration mêlée de terreur; l'admiration et l'amour de tous les cœurs acclameront toujours le nom de saint Vincent de Paul, que la postérité la plus reculée saluera comme le génie de la charité et le père du peuple. Aussi la popularité universelle a-t-elle toujours environné sa mémoire d'une auréole de gloire impérissable. De son vivant, une vénération pleine d'amour l'accueillait partout sur son passage, comme le firent autrefois les multitudes autour de Jésus-Christ lui même; une vénération pleine d'amour lui survécut et est inséparable de son nom. Voltaire a souillé de sa plume venimeuse presque toutes nos gloires nationales; mais il est deux noms devant lesquels s'arrêta sa furie d'impiété, auxquels sa main ne put servir que l'éloge : c'est saint Louis et saint Vincent de Paul! Les séides de la révolution eux-mêmes placèrent sa statue dans le Panthéon de leurs grands hommes, rendant hommage, disaient-ils, au plus grand philanthrope des temps modernes. Quel éloge dans de pareilles bouches! Sa popularité, un moment éclipsée pendant le temps des horreurs révolutionnaires, reparut avec un nouvel éclat quand sonna l'heure des miséricordes divines, et chaque commotion sociale fut l'occasion d'un accroissement de sa gloire, d'une extension de sa popularité dans le monde; et aujourd'hui on peut dire qu'elle remplit l'univers. Ce qui nous avertit que sa mission n'est pas près de finir dans le monde !

Cette mission doit se continuer par ses enfants ; elle s'impose donc à nous tous, messieurs et mes très chères sœurs. Soyons les dignes disciples de saint Vincent, ce grand maître dans l'art d'aimer les hommes ; soyons les vrais amis du peuple. Que d'hommes qui se parent de ce titre et qui mendient la faveur populaire en flattant les préjugés et les passions du peuple ! Leur unique but est la satisfaction de leur ambition personnelle et des intérêts de leur fortune ; vrais pharisiens des sociétés modernes, qui affichent dans leurs paroles un dévouement qui n'est pas dans leurs cœurs, et qui caressent les foules pour s'engraisser à leurs dépens. L'histoire est là pour dire combien de jours a duré leur éphémère popularité, et comment le peuple, un moment égaré par des flatteries mensongères, mais éclairé par ses malheurs, s'est vengé de ceux qui ont abusé de sa crédulité. Elle réservera toujours sa page d'honneur pour saint Vincent de Paul, qui lui donna sa vie, son cœur, toutes les ressources de son génie, et ses enfants. Croyons-le bien, le cœur du peuple finalement appartiendra toujours à ceux qui l'aiment sincèrement, qui se dévouent et se sacrifient pour le relever, le sauver.

Aimons le peuple comme saint Vincent l'a aimé ; héritiers de sa mission, soyons-le de son esprit. L'heure présente est grave, et les douleurs de la société actuelle semblent être les symptômes de l'enfantement d'un nouveau monde.

Nous entendons répéter par tous les échos de la publicité que l'avenir appartiendra à la démocratie ; c'est le secret de Dieu : mais elle sera chrétienne ou elle ne sera pas. Ce qui est certain, c'est que la main mystérieuse de la Providence est au fond de tous les événements qui s'accomplissent sous nos yeux, et où chacun de nous doit avoir son rôle ; et elle semble préparer des transformations sociales où l'élément populaire aura sa large place [1]. Aimons le peuple, mes frères, allons à lui, rendons-lui son Dieu,

---

1. Si tel est le dessein de Dieu, alors plus que jamais saint Vincent apparaîtra comme l'homme de la situation, comme le patriarche de la démocratie chrétienne.

le Dieu qui l'aima jusqu'à la mort, et la mort de la croix. Mais pour le lui rendre, il faut le posséder nous-mêmes : il faut que sa charité déborde dans nos cœurs. Soyons donc, comme Vincent de Paul, des hommes de Dieu pour être les vrais amis, les pères du peuple ; et comme lui nous aurons travaillé efficacement au salut de la patrie, troisième titre de gloire qu'il nous reste à admirer sur le front de notre bienheureux père.

## TROISIÈME PARTIE

L'homme de Dieu, le père du peuple, sera toujours le premier patriote, le plus fidèle citoyen de son pays, le plus dévoué aux intérêts et à l'honneur de sa patrie. Il y aurait toute une histoire des saints à composer à ce point de vue ; elle serait admirable dans ses révélations. On ne saurait s'en étonner quand on sait ce qu'est la patrie.

I. — La patrie, comme la famille, est d'institution divine et fondée sur notre nature, l'homme étant fait pour vivre en société. La patrie est une famille aux vastes proportions, et, comme son nom l'indique, nous devons y retrouver, dans un ordre supérieur, une paternité qui nous protège, une maternité qui nous aime, une fraternité qui nous réjouisse et nous fortifie, un service qui nous soutienne et nous aide. A sa base fondamentale se trouve la famille qui nous donna la vie : c'est donc notre berceau, le foyer paternel, le champ des aïeux, les tombeaux des ancêtres ; c'est le ciel de notre enfance, le théâtre des joies de notre jeunesse, le champ des travaux de notre maturité, le sol qui reçoit nos sueurs, nos larmes, parfois notre sang. La patrie, c'est aussi la terre arrosée de larmes et fécondée par les sueurs de nos pères ; toute l'histoire du nom que nous portons s'y trouve attachée avec ses gloires et ses tristesses, ses grandeurs et ses revers. Des liens d'intérêts matériels, moraux, religieux, ont rapproché un grand nombre de familles ; et tous ces intérêts s'étant fondus dans une vaste unité, il en est résulté une communauté, une famille aux vastes proportions ; c'est la patrie. Arche sainte de nos souvenirs, de nos impressions, de nos affections, de nos espérances, elle embrasse notre passé, notre présent et notre avenir. Son histoire, avec ses alternatives de prospérités et de malheurs, de douleurs et de joies, forme le patrimoine commun de tous ses enfants. Elle est la gardienne de nos droits, de nos biens, de nos personnes, de nos libertés. Que les liens de la patrie se brisent, la famille cesse d'être protégée, chacun se sent affaibli, menacé. La patrie tient donc à tout ce qu'il y a de plus intime dans nos âmes; de plus cher à nos cœurs, de plus profond dans notre nature. L'amour de la patrie est donc fondé sur notre nature humaine ; le patriotisme s'impose donc comme un devoir à tout homme qui a du cœur : se rattachant à tous ses intérêts matériels, moraux et religieux, c'est une vertu religieuse. Par lui l'âme humaine est agrandie, s'élève à des sacrifices sublimes, à des dévouements héroïques. Si telle est l'idée véritable de la patrie et du patriotisme, ne nous étonnons pas de les voir recevoir leur consécration dans l'Évangile, dans la vie et le cœur de Notre-Seigneur Jésus-Christ.

Jésus-Christ, vous le savez, c'est l'Incarnation de l'amour infini dans notre nature humaine; son cœur a donc dû connaître tous les sentiments généreux et légitimes, battre sous l'impulsion des instincts les plus nobles de cette nature qu'il avait épousée. Il a donc dû vibrer, ce cœur divin, sous la touche de l'amour de sa patrie, tressaillir sous les émotions de la sublime passion du patriotisme. Et il en a été ainsi, mes frères. Ouvrons l'Évangile, et lisons la page incomparable qui raconte ses adieux à Jérusalem, à la ville sainte, la grande et glorieuse capitale de son pays. C'était quelques jours avant sa mort; accompagné de ses disciples il se rendait de Béthanie à Jérusalem. Arrivés sur la colline voisine, tout à coup ils découvrent devant eux la ville sainte, assise comme une reine sur son trône de montagnes, avec ses murs, ses tours, ses remparts, ses palais, son temple, la merveille de l'univers. Et tout cela étincelait sous les rayons du soleil levant; car c'était le matin. A cette vue, tous les Apôtres poussent des cris d'admiration et d'enthousiasme. Jésus seul se taisait, une immense douleur étreignait son cœur et étouffait sa voix. Quand il put parler, il s'écria : « Jérusalem ! que n'as-tu connu, à l'heure de la miséricorde, ce qui t'était donné pour ta paix et ton bonheur.

Voici venir des jours où tes ennemis t'investiront de leurs armées, te renverseront par terre, toi et tes enfants, et ils ne laisseront pas de toi pierre sur pierre, parce que tu n'as pas voulu me connaître au temps où je t'ai visitée. (Luc, XIX, 42-44) Jérusalem ! Jérusalem ! que de fois, j'ai voulu réunir tes enfants comme une poule rassemble ses petits sous ses ailes, et tu ne l'as pas voulu ! Et voilà que bientôt tu seras comme un désert ! (Matt, XXIII, 37-38).

Et en disant ces paroles, entrecoupées de sanglots, il fondait en larmes, à la pensée des maux qui allaient fondre sur sa patrie. D'après les livres sacrés, Jésus ne pleura que trois fois sur la terre, une fois sur le tombeau de Lazare, son ami, *et lacrymatus est*, une dernière fois du haut de la croix à la vue de l'ingratitude et de l'aveuglement du peuple, quelques jours auparavant sur les malheurs de la patrie. Larmes divines, qui ont à jamais consacré, divinisé le patriotisme, et appris à tous les siècles que l'amour de la patrie fait partie de la religion et est inséparable de l'amour de Dieu.

Quand ce noble sentiment est en baisse chez un homme, c'est que cet homme a subi de honteuses défaillances ; il est avili, tombé, et sa foi religieuse s'est éclipsée en même temps que sa foi patriotique. Quand il baisse chez un peuple, on peut dire qu'il est atteint au cœur d'un mal mortel, et qu'il roule aux abîmes sur les pentes de la décadence. Il n'a jamais baissé, ce feu sacré, dans le cœur des vrais serviteurs de Dieu ; et si l'Homme-Dieu fut l'amant passionné de sa patrie, l'homme de Dieu doit penser, parler et surtout agir en vrai patriote, être le plus généreux citoyen de son pays, se dévouer, s'il le faut, jusqu'à la mort pour l'honneur et le salut de sa patrie. Tel fut Vincent de Paul, le saint peut-être le plus français de tous, le type du grand citoyen.

II. — Il a laissé, je crois, peu de paroles sur ce sujet ; il a fait plus, il a donné ses actes. C'est dans cinq circonstances surtout qu'il fait éclater son ardent patriotisme, éclairé par la foi, échauffé par la charité.

C'est d'abord au conseil des rois où il fut appelé malgré les résistances de sa modestie et de son humilité. Là, au nom de l'humanité, de la justice, de la religion, des vrais intérêts matériels et moraux du pays, il plaida la cause de l'honneur et de la vraie prospérité de la France, et sut tenir tête, avec une respectueuse mais inébranlable fermeté, et cela pendant longtemps, à Richelieu, à Mazarin, à la reine mère elle-même pour laquelle il professait une si profonde vénération. Il savait qu'il s'exposait à perdre la faveur de la cour, à compromettre les intérêts de ses institutions; mais il savait aussi que, si toujours l'autorité doit être respectée, toujours les droits de la vérité et de l'équité doivent être sauvegardés, que la justice élève les peuples et affermit les trônes, tandis que l'iniquité, quelle qu'elle soit, après des triomphes éphémères, amène fatalement tôt ou tard, pour les rois comme pour les peuples, les représailles de la justice divine. L'histoire s'est chargée de donner raison à qui de droit; et si les conseils de Vincent de Paul eussent prévalu, la France et l'Europe n'eussent peut-être pas connu les déchirements et les calamités dont nous subissons encore les conséquences.

O vous tous, qui employez votre vie au service de la patrie, quelle que soit la place que vous occupiez dans la hiérarchie de ses pouvoirs, apprenez auprès de ce grand maître le secret du vrai patriotisme, inspirez-vous de son esprit, et sachez que celui-là seul assure l'honneur et la prospérité de son pays pour l'avenir, qui maintient les droits de la vérité, de la vertu et de la justice.

Je viens de prononcer le nom de Richelieu. On sait comment tout tremblait devant le terrible ministre. Pourtant il y eut un homme qui ne sut pas trembler devant cette toute-puissance de la terre : c'était Vincent de Paul. Grâce à sa haute vertu et à sa vénération pour l'autorité, il parvint à inspirer au cardinal le respect pour sa personne et sa généreuse liberté, à lui forcer la main pour le soulagement des provinces ravagées par la guerre, et même à lui arracher la promesse de la paix. Un jour, après une oraison accompagnée de larmes à la vue des maux de la France, il prend sur sa table un faisceau de lettres qu'il vient de recevoir, part, va trouver dans son cabinet l'inexorable ministre, lui fait, dans ses lettres, le récit des horreurs de la guerre, et, se jetant à ses genoux : « La paix, monseigneur, s'écrie-t-il, la paix! ayez pitié de nous, donnez la paix à la France! » Un moment, l'âme de Richelieu fut profondément émue; il releva l'homme de Dieu prosterné à ses pieds, lui promit de hâter les opérations militaires et de faire tous ses efforts pour arriver à une paix prochaine. Bientôt après cette entrevue, le cardinal devait mourir sans avoir pu donner la paix à la France et à l'Europe, et son nom ne devait pas figurer au bas des articles du traité de Westphalie. Mais quelle scène, mes frères, entre ces deux génies si différents! quelle sainte audace, quelle intrépide liberté dans cette démarche de Vincent de Paul auprès du redoutable ministre! Voilà le patriotisme, ou il n'y en aura jamais.

Tel il fut encore en présence de l'astucieux Mazarin, introduisant dans les conseils des princes les artifices de son génie machiavélique. On connaît toutes les horreurs de la Fronde, tristes débuts de nos guerres civiles, qui ont enfanté tant de ruines, opéré tant de déchirements au sein de la patrie, sans jamais rien élever de stable pour assurer le bonheur de son avenir. Que de fois il battit en brèche, au sein du conseil royal, cette politique malheureuse qui sacrifiait la France à des questions d'ambition et d'intérêt personnel! Que de fois il exposa sa popularité et même sa vie, les intérêts et l'avenir de ses communautés, dans les démarches qu'il fit à Saint-Germain pour amener une conciliation et la paix entre la cour et le peuple de Paris! Il traçait ainsi la voie à ces glorieux martyrs de la patrie, dont plus d'une fois le sang éteignit le feu de la guerre civile dans les rues de cette capitale de la France.

On ne peut nier, et c'est l'aveu de tous ses biographes et de ses contemporains, qu'il n'ait sauvé d'une dépopulation complète et d'une ruine irrémédiable trois de nos plus belles provinces, la Picardie, la Champagne, et celle dont le nom aujourd'hui nous arrache des larmes, la Lorraine. C'est alors surtout qu'il fut acclamé partout comme le père de la patrie, et son nom est toujours resté populaire, et son culte en honneur dans ces malheureuses provinces qui lui durent leur salut.

Enfin, pour être complet en parlant de l'ardent et sincère patriotisme de saint Vincent, il faut au moins indiquer ce qu'il a fait pour assurer à la France ses plus belles colonies. Les colonies sont pour une nation ce que les essaims sont pour la ruche; c'est un signe de vie, de force et de fécondité pour la mère patrie. Mais les intérêts purement matériels sont des liens bien fragiles pour tenir les enfants attachés à leur mère; il faut les liens plus intimes et plus forts de la religion pour rendre leur union indissoluble : c'est par la communauté de la foi religieuse que l'âme de la mère se communique aux enfants. En envoyant ses missionnaires dans les colonies françaises, non seulement il travaillait à la conquête des âmes pour les donner à l'Église de Jésus-Christ, mais il affermissait l'autorité de la France dans ces contrées lointaines en la faisant aimer et bénir. Nuit et jour, il suivait de l'œil et poursuivait de ses lettres paternelles tous ces fils de son choix qu'il envoyait sur les côtes de la Barbarie, à Madagascar, aux Échelles du Levant. Plus d'une fois leur sang coula sur ces terres éloignées, et si aujourd'hui la France étend encore son influence sur ces rivages, si son nom y est encore en bénédiction, qu'elle n'oublie pas qu'elle le doit surtout à la vertu du sang des martyrs, des enfants de Vincent.

Que l'on juge maintenant, après cette légère esquisse du patriotisme de saint Vincent de Paul, de l'influence qu'il exerça sur son siècle, et de la part qui lui revient dans la gloire de la France sous le règne de Louis XIV. Richelieu, dit-on, a préparé le grand siècle; ne lui contestons pas la large part qui lui appartient de droit dans les splendeurs du grand siècle. Mais, il faut l'avouer, celui qui lui a préparé ce cachet de grandeur religieuse et de majesté grave, qui en fait un siècle unique dans l'histoire, c'est surtout saint Vincent de Paul. Qu'on n'oublie pas qu'il fut le père et l'instituteur de ce grand clergé français qui tient une place si glorieuse dans ce siècle où tout fut grand, et Bossuet se félicita toute sa vie de l'avoir eu pour maître. On a appelé le XVIIe siècle le siècle de Richelieu, de Louis XIV; on pourrait, à aussi juste titre, l'appeler le siècle de saint Vincent de Paul. N'avais-je pas raison de l'appeler le sauveur de la patrie et le père de la France? Et l'esprit de saint Vincent est et restera toujours l'esprit traditionnel de la vraie France, de la France catholique. Ce sera le nôtre, c'est le vôtre, messieurs et mes très chères sœurs.

III. — On ne peut pas le nier, et c'est une angoisse cruelle, pour nos cœurs de catholiques et de Français, de constater cette vérité douloureuse : le patriotisme a baissé avec la foi religieuse dans une portion de la nation française. Sous l'influence du matérialisme qui gagne de plus en plus les âmes et pétrifie les cœurs, des idées de cosmopolitisme contre nature et d'indifférence patriotique se sont développées en ligne parallèle avec l'indifférence et la négation religieuse. A l'heure de nos humiliations, et lorsque nous étions écrasés par les armées ennemies en 1870, un jour j'entendis sortir d'un groupe d'hommes ces sinistres paroles : « Que l'on soit Français ou Prussien, peu importe, pourvu que les affaires marchent. » Je ne saurais dire l'angoisse qui étreignit mon cœur en entendant ces paroles de mort; et alors seulement je compris quelle plaie profonde rongeait l'âme de la France. Ces sentiments ne seront jamais les nôtres, mes frères. Et si jamais, ce qu'à Dieu ne plaise, ce qui ne sera pas, mais si jamais le feu sacré du patriotisme venait à s'éteindre dans l'âme des Français, c'est dans le cœur des fils et des filles de saint Vincent de Paul qu'il faudrait le retrouver toujours brûlant. L'histoire sainte raconte qu'au moment où Jérusalem fut renversée et ses enfants arrachés au sol de la patrie pour être poussés vers Babylone, on cacha au fond d'une citerne le feu sacré qui brûlait constamment sur l'autel, comme symbole de la patrie; au retour de la captivité on vint le retrouver, et il s'enflamma aux rayons du soleil. Si après des jours d'épreuves la France avait besoin de rallumer ce feu sacré dans son sein, c'est dans nos poitrines qu'elle devra venir le chercher et le retrouver toujours vivant, pour le communiquer à ses enfants et le rallumer sur l'autel de leur cœur.

Nous resterons donc les dignes fils de saint Vincent de Paul, l'homme de Dieu, le père du peuple, le sauveur de la patrie, le ministre universel de la Providence pour le bien de l'Église et le salut de la France. A mes yeux, voilà le plus grand homme de l'époque contemporaine, car c'est l'homme qui a fait le plus de bien. Un de nos monarques, devant lequel on recommandait Voltaire comme un génie universel, répondit : « Oui, universel pour le mal. » Saint Vincent en fut la contre-partie; c'est le génie universel pour le bien. Et dans une lettre à son vénérable successeur, en date du 11 mars dernier, la voix la plus autorisée de l'univers, notre saint Père le Pape Léon XIII l'appelait : « l'homme le plus bienfaisant de son siècle, celui dont l'esprit est le plus propre à éteindre, ou au moins à diminuer la détestable passion de l'égoïsme, source de tant et de si grands maux dans nos temps malheureux. » Des événements bien graves se sont accomplis, d'autres plus graves peut-être se préparent : de grands crimes sociaux qui s'étalent sous nos regards, au sein de notre société, semblent appeler de grandes épreuves, et font pressentir le passage de la justice divine. Espérons qu'elle sera accompagnée de la miséricorde. Le nom de saint Vincent, qui redevient plus populaire que jamais, son histoire qui semble presque devenir à la mode, ses œuvres qui pullulent partout dans le monde, nous font pressentir qu'à l'universalité du mal la Providence veut opposer l'universalité du bien, dont saint Vincent est la plus parfaite personnification. Héritiers de sa mission, soyons les héritiers de son esprit. Selon l'expression énergique de l'un de ses derniers historiens, il s'agit aujourd'hui pour le monde de choisir entre lui et Babœuf, c'est-à-dire entre la vie et la mort. Tenons-nous donc prêts à opérer le sauvetage de cette société qui sombre, et travaillons-y dès maintenant par la prière et l'action. Soyons des hommes de Dieu par l'humilité et l'oraison, pour faire contrepoids à l'orgueil et à l'impiété de notre siècle; soyons les vrais amis du peuple par notre charité généreuse et notre dévouement désintéressé, car le peuple restera à celui qui l'aura le plus aimé; soyons dévoués corps et âmes au salut de la France catholique, Dieu le veut! et ne reculons pas devant la croix et ses sacrifices, seuls capables de sauver le monde. Peut-être ne verrons-nous pas, pendant notre vie, le triomphe de la vérité; mais qui donc, parmi les plus grands saints, a vu le complet triomphe de son œuvre? Notre gloire, notre consolation, à l'heure de notre mort, seront d'y avoir travaillé et de l'avoir préparé; notre vraie récompense sera la gloire divine qui couronnera notre humilité, l'éternelle union qui consommera notre charité et notre félicité, les jouissances ineffables du céleste repos qui termineront nos travaux et nos peines au sein de l'infinie béatitude.

Ainsi soit-il.

Paris. — Typ. Pillet et Dumoulin, 5, rue des Grands-Augustins.

www.ingramcontent.com/pod-product-compliance
Ingram Content Group UK Ltd.
Pitfield, Milton Keynes, MK11 3LW, UK
UKHW021958260726
13994UKWH00004B/1825

9 782019 957506